¿Productos o servicios?

Ellen K. Mitten

Rourke Educational Media
rourkeeducationalmedia.com

Scan for Related Titles and Teacher Resources

www.rourkeeducationalmedia.com

PHOTO CREDITS: Cover: © Rosemarie Gearhart; Title Page: © Gene Chutka; Page 3: © William Wang, Page 5, 22: © Catalin Peloea; Page 7: © PIKSEL; Page 9,17, 22: © kristian sekulic; Page 11: © Gennadiy Poznyakov; Page 13, 22: © Dean Mitchell; Page 15: © Catherine Yeulet; Page 19: © Christine Glade; Page 21: © kzenon; Page 22: © Rmarmion, © WendellandCarolyn, © Dimos

Edited by: Meg Greve
Traducido y editado por Danay Rodríguez.

Cover design by Tara Ramo
Interior design by Renee Brady

Library of Congress PCN Data

¿Productos o servicios? / Ellen K. Mitten.
(El Pequeño Mundo de Estudios Sociales)
ISBN 978-1-61741-791-7 (hard cover - english) (alk. paper)
ISBN 978-1-61741-993-5 (soft cover - english)
ISBN 978-1-61236-709-5 (e-Book - english)
ISBN 978-1-63430-133-6 (hard cover - spanish)
ISBN 978-1-63430-159-6 (soft cover - spanish)
ISBN 978-1-63430-185-5 (e-Book - spanish)
Library of Congress Control Number: 2014953690

Rourke Educational Media
Printed in the United States of America,
North Mankato, Minnesota

Rourke Educational Media

rourkeeducationalmedia.com

customerservice@rourkeeducationalmedia.com
PO Box 643328 Vero Beach, Florida 32964

¿Alguna vez te has preguntado cómo las familias utilizan el **dinero**?

Las familias utilizan el dinero para comprar **productos** y **servicios**.

Los productos son cosas que podemos comprar tales como los alimentos, la ropa, los carros y los juguetes.

Los servicios son cosas que pagamos para que otras personas los hagan. Cuando visitas el dentista, estás comprando un servicio.

Otros servicios que puedes comprar son actividades tales como boletos para el cine, cortes de pelo y clases de natación.

La mayoría de las familias tienen que tomar **decisiones** sobre qué productos y qué servicios van a comprar.

Las familias necesitan comprar un lugar donde vivir, los alimentos que van a comer, las formas para llegar al trabajo y a la escuela y la ropa para vestirse.

A las familias les gusta comprar cosas tales como vacaciones, televisores y boletos para el cine.

Todos los días las familias **contribuyen** a la economía a través de sus **gastos** en productos y servicios.

¿Puedes pensar en algunos de los productos y los servicios que tu familia compra?

Glosario Ilustrado

contribuir: Dar dinero o proveer ayuda para que algo sea mejor.

decisiones: Artículos o actividades entre los que una persona tiene que decidirse a comprar o a utilizar.

dinero: Las monedas y billetes que las personas utilizan para comprar cosas.

gastos: Dinero que se utiliza para hacer compras.

productos: Cosas que se venden o que alguien posee, como artículos de cuero o artículos para el hogar.

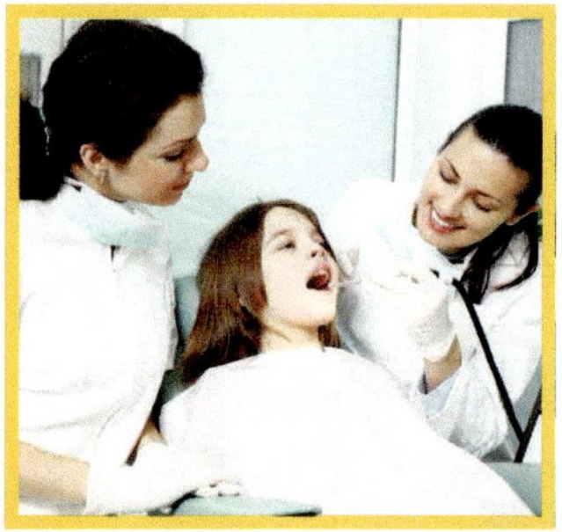

servicios: Empleos o trabajos que ayudan a otros, tales como limpieza de casas, lavado de autos o servicios de niñera.

Índice

Sitios Web

www.moneyoplis.org
www.orangekids.com
www.federalreserveeducation.org

Acerca del Autor

Ellen K. Mitten ha enseñado niños de cuatro y cinco años de edad desde 1995. ¡A ella y a su familia les encanta leer toda clase de libros!